D'ÉVITER LA GUERRE

ET LA NÉCESSITÉ

D'ÉTABLIR UNE PAIX UNIVERSELLE
ET PERPÉTUELLE

Par Célestin LECLERC, propriétaire à Neuvy-Sautour.

PLUS DE GUERRE !

TEL DOIT ÊTRE AUJOURD'HUI LE CRI DES PEUPLES.

O quando sancta se dabit,
Quæ nescit hostem patria !

AUXERRE

IMPRIMERIE ET LITHOGRAPHIE DE G. PERRIQUET.

1867.

IMPERIAL
5 cen.
TIMBRE

CHAPITRE Ier

DE LA NÉCESSITÉ ET DE LA POSSIBILITÉ D'ÉTABLIR UNE PAIX PERPÉTUELLE.

Quand on réfléchit à l'augmentation et au perfectionnement que le matériel de guerre obtient, presque journellement, chez tous les peuples, on est justement effrayé des conséquences qui pourraient en résulter, si une guerre acharnée venait à s'élever entre plusieurs nations, et qu'elles voulussent faire usage de toutes leurs ressources à cet égard. Avec la facilité que leur offriraient les chemins de fer de porter, en un instant, toutes leurs forces sur un seul point, et en cas de conflagration générale surtout, ce ne ne serait plus alors des centaines ni des milliers, mais peut-être des millions de victimes qui tomberaient écrasées sous la mitraille; et en effet toutes les troupes de ces nations se trouvant simultanément engagées, et ayant à leur disposition un matériel aussi formidable que celui qui pourrait être mis en campagne, il n'y a pas de doute que le combat serait effrayant, qu'il en résulterait un massacre épouvantable.

Il devient donc de plus en plus urgent de prévenir ces affreux désastres en mettant un terme aux horreurs de la guerre.

Mais, dira-t-on, c'est impossible ; quelque terrible, quelque désastreuse que soit la guerre, elle est inévitable, et la conception de l'établissement d'une paix perpétuelle ne sera jamais qu'une utopie, le rêve ridicule d'un projet inexécutable.

Telle est du moins l'objection que je me suis faite moi-même lors du premier examen de cette question. Je n'entrevoyais que des obstacles; mais après un examen plus attentif j'ai cru reconnaître que les difficultés ne seraient pas insurmontables, et qu'aujourd'hui la civilisation est assez avancée pour que l'on puisse, par des institutions, éviter ou résoudre les différends internationaux de la même manière qu'on le fait à l'égard des contestations entre particuliers, sans avoir besoin de recourir aux armes.

Au surplus, qu'on l'essaye, ce projet en vaut la peine; sa réalisation ne serait-elle pas le triomphe de la civilisation et l'honneur des gouvernements qui s'en seraient occupés? Que de sang, que de larmes elle épargnerait au monde ! et quels travaux immenses pourraient être entrepris, dans l'intérêt des peuples, avec les économies que produirait le désarmement général.

Je crois donc pouvoir démontrer que la guerre n'est pas inévitable comme on paraît le croire, que c'est au contraire l'établissement d'une paix perpétuelle qui le devient de jour en jour, tant par les progrès de la civilisation que par l'accroissement des relations commerciales que facilite et multiplie, entre toutes les nations, la rapidité des transports par les voies ferrées.

Les chemins de fer et les télégraphes électriques, en abrégeant les distances, vont mêler les peuples et confondre leurs intérêts. La guerre deviendra donc de plus en plus préjudiciable à ces intérêts tant privés que publics, et alors l'établissement d'une paix universelle sera le besoin comme le vœu de tous les peuples. Aussi j'ai la conviction qu'il ne s'agit plus aujourd'hui que d'en hâter l'avènement, et que l'époque n'est sans doute pas éloignée où la guerre inspirera aux nations civilisées la même horreur que leur inspire aujourd'hui l'antropophagie. Si les hommes ont cessé de se manger pourquoi ne cesseraient-ils pas de s'égorger ? L'un n'est pas moins odieux que l'autre ; aussi est-ce avec raison que Tertullien a dit que la guerre était un crime contre nature. Il soutenait qu'il n'était pas permis à un chrétien de porter les armes, et il appelait les pompes du diable les petites couronnes qui étaient alors en usage parmi les troupes. Tous les hommes sont frères, disait-il, donc ils doivent s'aimer, se secourir et non s'entre-détruire. Paroles mémorables et sentiments dignes d'un chrétien philosophe ; mais alors il ne fut pas compris, l'ignorance et la barbarie des peuples de cette époque fut un obstacle invincible à l'accomplissement des vœux philantropiques de ce célèbre théologien.

Quant à nous, reconnaissons donc aujourd'hui que la guerre a fait son temps, qu'elle n'est plus compatible avec les mœurs et les lumières actuelles, qu'elle doit disparaître et faire place à des institutions capables de lui suppléer pour la solution des différends internationaux. Ceci ne doit plus faire doute pour quiconque y réfléchit, et d'ailleurs ces institutions seraient d'une telle importance dans l'intérêt de la morale et de l'humanité qu'à cet égard l'expression d'un simple doute devrait être considérée comme un crime.

Au lieu de douter, que l'on se mette à l'œuvre et bientôt l'on acquerra la certitude que la réussite est infaillible.

C'est à la France et à l'Angleterre surtout qu'il convient de prendre l'initiative ; elles le doivent, leurs lumières et leurs puissances les mettent en position de délivrer le monde de ce terrible fléau. Qu'elles en profitent donc et fassent cesser entre elles toutes rivalités mal comprises. L'expérience ne leur a-t-elle pas suffisamment démontré combien leur division leur a été de tout temps funeste à toutes deux ainsi qu'à l'Europe entière ? Au lieu de cette vieille haine que quelques imprudents cherchent encore, si mal à propos, à raviver, peut-on méconnaitre aujourd'hui combien leur alliance leur est préférable sous tous les rapports ? Qu'elles y persistent donc et s'occupent de concert à établir une paix générale et perpétuelle, ce sera le plus grand des services qu'elles auront pu rendre au monde et dont elles-mêmes ne tarderaient pas à recueillir un immense avantage, tant sous le rapport de leurs finances que sous le rapport de leurs commerces et de leurs industries.

Pour y parvenir, voici, ce me semble, ce qui pourrait être fait : l'Angleterre et la France provoqueraient une alliance ou confédération entre les nations européennes comme étant les plus avancées en civilisation ; ensuite l'on y admettrait toutes les autres nations au fur et à mesure qu'elles en feraient la demande, de sorte que sous le rapport du maintien de la paix, mais sous ce rapport seul bien entendu, l'univers entier pourrait un jour devenir une république fédérative constituée de concert entre tous les peuples et de manière à ne causer aucun ombrage aux gouvernements établis, quelle que soit la nature de ces gouvernements. D'ailleurs république ou monarchie, qu'importe la forme, si elle offre les mêmes avantages (1) ; ne suffirait-il pas, par exemple, qu'il y eût partout et pour chaque citoyen même étranger à la nation qu'il habiterait, sécurité, protection, liberté, justice et égalité devant la loi.

Une fois ces principes généraux invariablement établis, peu importerait que le pouvoir exécutif fût confié à un monarque ou à un président de république. Au surplus cette alliance de tous les peuples n'étant instituée que dans le but unique du maintien de la paix, chaque nation aurait la faculté de se gouverner selon ses mœurs et ses besoins, en se conformant toutefois aux cinq principes généraux précédemment indiqués, et cependant l'univers n'en deviendrait pas moins la patrie commune de tous les peuples, qui, loin de se porter envie, comme ils font aujourd'hui, ne verraient plus qu'avec satisfaction la prospérité de l'une ou de l'autre des nations confédérées, puisque cette prospérité contribuerait au bien-être général, et alors il n'y aurait plus entre les peuples d'autres rivalités que la noble émulation de se surpasser dans le progrès des arts et de la civilisation, gloire infiniment préférable à celle que procurent les victoires et les conquêtes acquises au prix de tant de sang et de tant de larmes.

Ponr éviter les collisions armées, au lieu de congrès temporaires et facultatifs, on instituerait une Cour suprême, obligatoire et permanente, qui prendrait la dénomination de haute-cour fédérale, ayant mission de juger les différends in-

---

(1) « Vive la monarchie, dit l'un ; vive la république, dit l'autre,
« à ces mots ils s'entr'égorgent. Sans doute que tous deux vou
« laient dire : vive le bien général. S'ils se fussent compris, au lieu
« de s'égorger ils se seraient embrassés. »

ternationaux, et qui aurait son siége dans un endroit déclaré neutre et inviolable.

Cette cour, qui, à l'instar d'un sénat ou d'une chambre des
pairs, aurait pouvoir de se constituer tantôt en assemblée lé-
gislative pour rédiger les lois et statuts concernant l'association générale, tantôt en cour judiciaire pour juger les
différends internationaux, serait composée de membres ou
juges pris chez toutes les nations confédérées, en nombre
proportionné à la population de chacune d'elles, un, je sup-
pose, par chaque dix millions d'habitants, sans cependant
qu'il puisse y en avoir moins de quatre pour chaque nation.

Elle serait renouvelée tous les trois ans et aucun des
membres sortant ne pourrait être réélu qu'à la troisième
élection générale à partir de sa sortie, et pour assurer l'in-
dépendance de ses délibérations et l'exécution de ses arrêts,
la cour aurait, sous les ordres de son Président, une armée
suffisante dont le contingent et les frais seraient également
supportés par toutes les nations confédérées, dans la même
proportion que celle ci-dessus indiquée.

Aussitôt son installation et préalablement à l'instruction
d'aucune affaire contentieuse, la cour s'occuperait d'abord
de la fixation définitive des limites de chacune des nations
confédérées. Toutes invasions, toutes conquêtes y seraient
interdites sous les peines les plus sévères, car on sait que
l'esprit de conquêtes a presque toujours été, sinon le prétexte,
du moins la cause principale des guerres.

Chaque nation conserverait ses limites actuelles dont il ne
pourrait y avoir de changement que dans un but d'intérêt
général et du consentement unanime des nations confédérées, afin d'éviter tous mécontentements qui pourraient
compromettre le succès de cette entreprise ; seulement on
s'étudierait à faire disparaître l'importance de ces limites en
favorisant la confraternité des peuples et le mélange de
leurs intérêts, de manière à ce que les limites des nations
ne soient à l'égard de l'association générale que ce
que sont aujourd'hui les limites des provinces ou des dé-
partements à l'égard d'une nation particulière, et alors
qu'importerait à un peuple le plus ou le moins d'étendue
du territoire de sa nation, quand toutes ne seraient plus en
quelque sorte que des provinces de la grande nation uni-

verselle (1). Ensuite la Cour s'occuperait de la rédaction des lois et règlements qui régiraient l'alliance projetée et auxquels on donnerait le titre de code fédéral. L'on y comprendrait les cinq principes généraux ci-devant énoncés, afin que tout citoyen, de quelque condition qu'il fût, trouvât chez les nations qui lui seraient étrangères la même protection et, pour ainsi dire, les mêmes avantages que chez la nation à laquelle il appartiendrait, de sorte qu'insensiblement et à l'aide de la rapidité actuelle des communications, l'univers entier pourrait, comme je le dis plus haut, devenir la patrie commune de tous les peuples ; ce qui ferait disparaître l'importance que chacun d'eux attache actuellement à l'étendue du territoire de sa nation, c'est-à-dire à la cause la plus irritante des différends internationaux, car alors chacun pourrait dire : l'univers est ma patrie et, à quelque nation qu'ils appartiennent, tous les hommes sont mes compatriotes et non pas des étrangers et des ennemis.

Lorsqu'un différend s'éléverait entre quelques-unes des nations confédérées, ces nations seraient libres de le régler entre elles par tous les moyens et voies qu'elles jugeraient convenables à l'exception seulement de l'emploi des armes ; mais si elles ne parvenaient pas à se mettre d'accord, comme cet emploi leur serait interdit, alors le différend devrait être nécessairement soumis à la décision de la haute-cour fédérale.

Les affaires devant cette cour seraient instruites, plaidées et jugées à l'instar des autres cours judiciaires et à la majorité des voix.. Seulement les membres de la cour appartenant aux nations qui seraient en instance ne prendraient pas part au vote et seraient tenus de se recuser, par la raison que l'on ne peut pas être juge et partie dans sa propre cause, et afin que dans chaque affaire toutes les nations soient représentées, on nommerait des juges-suppléants pour

---

(1) Quand je dis « de la grande nation universelle », je n'ai pas la pensée que l'on puisse du monde entier ne former qu'une seule nation, ce qui serait certainement impossible ; je ne l'entends que sous le rapport d'une confédération générale ou d'une république fédérative instituée dans le but unique du maintien de la paix et de la confraternité des peuples.

remplacer. ceux des premiers juges qui, par une cause quelconque, se trouveraient dans l'impossibilité de siéger.

Lorsque la cour aurait rendu son arrêt, si l'une ou l'autre des nations jugées prétendait que justice ne lui aurait pas été rendue, elle aurait la faculté d'interjeter appel devant la cour subséquente qui serait entièrement composée de nouveaux juges, et si le second arrêt était conforme au premier alors il serait définitif ; mais s'il était différent l'affaire serait de nouveau portée devant la cour qui succéderait immédiatement à celle-ci et serait également composée de nouveaux juges, c'est-à-dire qui n'auraient appartenu ni à l'une ni à l'autre des deux cours précédentes ; mais cette dernière ne pourrait pas élever de nouvelles questions, elle devrait se borner à l'acceptation pure et simple de l'un ou de l'autre des deux arrêts précédemment rendus et alors l'arrêt adopté serait définitif et obligatoire pour les deux nations.

Je prévois l'objection qui pourra m'être faite à cet égard. Si la nation opposante, me dira-t-on, persistait dans son refus d'acquiescer aux arrêts de la cour fédérale, quels seraient alors les moyens coërcitifs qui pourraient être employés ? Les cours judiciaires ont, pour forcer l'exécution de leurs intérêts, des huissiers et des gendarmes ; mais pour contraindre une nation entière il faudrait une armée, conséquemment ce serait toujours la guerre.

A cette objection je répondrai que le refus obstiné de la part d'un gouvernement quelconque ne serait pas à craindre, d'abord parce que toutes les précautions auraient été prises, comme on le voit, pour que justice fût rendue et ensuite parce que l'état de paix étant devenu un besoin général et la guerre n'inspirant plus qu'horreur et dégoût, le gouvernement qui, par son obstination, nécessiterait une prise d'armes, soulèverait contre lui l'indignation universelle et se trouverait, par conséquent, dans l'impossibilité de lutter seul contre toutes les autres nations coalisées.

C'est ainsi que pour l'exécution de ses arrêts la cour trouverait son appui et sa force dans son institution même placée sous la protection de l'association générale, et tout porte à croire qu'aucun gouvernement monarchique ou républicain n'oserait ni ne pourrait se soustraire à sa juridiction. L'état de paix serait d'ailleurs trop favorable au bien-être des peuples pour que l'intérêt général ne surmontât pas toutes les oppositions, toutes les difficultés.

Ne pourrait-on pas aussi infliger une peine très sévère, la peine capitale même, contre tout auteur d'une guerre quelconque et obliger les membres de tous les gouvernements ainsi que tous officiers civils et militaires à prêter serment de ne jamais s'opposer à l'exécution des arrêts de la cour fédérale rendus légalement et en dernier ressort ; mais au contraire d'y prêter main-forte chaque fois qu'ils en seraient requis.

Ce serment n'aurait rien de compromettant pour l'honneur et l'intérêt des peuples, puisqu'il ne s'agirait que de leur procurer un bienfait général en leur évitant les désastres de la guerre, et comme la cour serait composée de membres ou juges pris chez toutes les nations confédérés et que ses arrêts seraient susceptibles de deux appels successifs, il n'est pas doutenx qu'elle ne voudrait ni ne pourrait s'écarter de la justice.

Est-ce la guerre qui offre les mêmes avantages, les mêmes garanties d'équité? Non assurément, car la guerre n'est au contraire que le triomphe de la force sur la justice et en quelque sorte la justification du vol et de l'assassinat ; puisqu'elle-même n'est en réalité que spoliation, assassinat et brigandage, sans la moindre utilité pour compensation aux calamités qu'elle entraîne.

Disons donc qu'elle n'est plus tolérable avec les lumières actuelles des peuples civilisés et que l'on ne saurait trop se hâter de lui substituer l'action pacifique d'un tribunal suprême bien plus capable de faire prévaloir la justice à l'égard de tous différends internationaux.

Ce tribunal ou cette cour, loin d'être un danger pour les gouvernements établis, leur assurerait au contraire plus de stabilité, en ce que toutes contestations, tant internationales que de peuples à souverains, ne pouvant plus être tranchées par la force des armes et devant être soumises à la décision de la haute cour fédérale, les émeutes et les guerres civiles, non moins désastreuses que les guerres étrangères, deviendraient également impossibles, et la Cour, appuyée sur l'association générale, acquerrait assez de puissance et d'autorité pour faire respecter et exécuter ses décisions; comme pour faire justice de ces misérables utopies qu'enfantent le charlatanisme politique et le fanatisme de la liberté.

Les souverains auraient donc tort, dans l'intérêt de leurs peuples comme dans celui même de leurs dynasties, de s'opposer à l'exécution de ce projet, qui serait en même temps et leur soutien et la sauve-garde des libertés publiques, tout en les préservant de leurs excès.

Si avant 1793 cette Cour suprême eût été instituée, il est probable que l'infortuné Louis XVI n'eût pas porté sa tête sur l'échafaud ; la Cour, composée de membres appartenant à toutes les nations confédérées et inspirée des sentiments de paix et d'humanité, aurait su mettre un frein à la fureur de ses assassins, sans s'opposer cependant au développement des libertés publiques qui ont si puissamment contribué aux progrès de la civilisation chez tous les peuples et notamment au bien-être du peuple français en particulier.

Il est probable aussi que la république des Etats-Unis n'eût pas donné au monde le hideux spectacle de sa guerre fratricide et que la Russie ne se fût pas trouvée dans le cas d'exercer envers la Pologne une sévérité de répression digne de la barbarie des temps les plus reculés, sévérité qui a dû, sans aucun doute, répugner à l'esprit éclairé du jeune et libéral Empereur de ces deux nations ; car il s'est commis de part et d'autre des atrocités qui sont la honte de la civilisation actuelle, mais qui ne sont dues qu'à l'absence d'un pouvoir judiciaire capable de résoudre pacifiquement tous ces démêlés si compromettants pour l'honneur des gouvernements comme pour la tranquillité et la prospérité des peuples.

Deux institutions, comme je l'ai dit, sont donc essentielles, mais seraient à coup sûr suffisantes pour prévenir ces désastres et établir une paix perpétuelle.

D'abord, association générale des nations civilisées ; ensuite, création d'une Cour suprême pour juger les différends internationaux.

Mais parviendrait-on à conférer à cette Cour une autorité et des pouvoirs suffisants ?

Là se trouve, à la vérité, le problème à résoudre, il offre des difficultés ; mais il n'est pas insoluble.

Eh bien ! alors, pourquoi ne pas l'essayer ; ce projet, je le répète, mérite qu'on s'en occupe, il fera le bonheur des peuples et la gloire des gouvernements qui l'auront entrepris ; car le jour où il se réalisera sera l'époque la plus mémorable de toute l'histoire, puisque jusqu'alors rien encore n'aura été fait d'aussi intéressant pour l'humanité.

Honneur donc aux gouvernements qui parviendraient à le réaliser. Honte et malédiction à quiconque oserait y apporter le moindre obstacle.

Mais ce qui a lieu d'étonner, c'est que dans ce siècle-ci, où il s'est fait de si miraculeuses inventions on ne se soit pas encore occupé de ce projet, plus intéressant encore que toutes ces belles découvertes, et dont la solution, aujourd'hui si généralement désirée, offrirait même beaucoup moins de difficultés.

Peuples de l'Europe, c'est à vous de faciliter à vos gouvernements les moyens d'accomplir cette œuvre. Agissez et ne vous laissez pas décourager par les obstacles, ils disparaîtront sous les efforts réunis des hommes d'honneur et de bon sens. Dans une œuvre d'une telle importance l'on ne doit envisager les difficultés que pour les combattre et en triompher.

Je ne doute pas cependant qu'auprès de certaines personnes, ce projet ne soit vu que comme une utopie qui ne mérite pas d'être prise en considération, car on sait que toute entreprise qui paraît extraordinaire choque l'esprit borné des hommes à courtes vues et provoque leur risée et leur dédain.

Lorsque Christophe Colomb eut la pensée qu'au-delà des mers il devait y avoir un continent, et qu'il sollicitait les fonds nécessaires pour aller lui-même en faire la découverte, ne fut-il pas alors traité, par certaines gens, de fou, de visionnaire? Combien de contrariétés et de dégoûts n'eut-il pas à éprouver de la part de ces hommes qui, incapables de rien prévoir, ni de rien produire, ne savent que critiquer et trop souvent retarder, par leurs critiques insensées, le progrès des sciences et des arts !

De nos jours, lorsqu'en Angleterre on fit la première tentative de construire des chemins de fer, dont les locomotives devaient, en moins d'une heure et sans chevaux, parcourir une distance de plus de cinq myriamètres et trainer à leur suite des charges équivalant à des montagnes presqu'entières, cet ingénieux essai ne fût-il pas aussi traité par certains hommes de ridicule et d'impossible.

Eh bien ! malgré les doutes, les risées et les dédains, ces deux tentatives extraordinaires ont réussi même au-delà des espérances de leurs auteurs. Pourquoi n'en serait-il pas ainsi à l'égard du projet dont il s'agit, quand sa réussite ne dépend absolument que de la simple volonté des peuples, volonté qui, dans ce siècle-ci, ne ferait pas défaut ; car tout y dispose : le progrès des lumières et de la civilisation, les intérêts du commerce, la facilité des communications et par suite le mélange des peuples et la multiplicité de leurs relations commerciales et financières.

Qui donc aujourd'hui n'a pas intérêt au maintien de la paix ? Qui est-ce qui ignore combien la guerre apporte de perturbation dans le commerce et d'obstacles aux travaux publics et particuliers ? Et cependant ces désastres ne sont rien en comparaison du sang et des larmes qu'elle fait verser. Qui peut, sans frémir et sans éprouver la plus vive indignation, parcourir un champ de bataille après un combat ? Qui ne gémit pas, en pensant à ces victimes innocentes, vieillards, femmes et enfants que massacrent les éclats des bombes lancées sur les villes assiégées ? Combien aussi n'éprouve-t-on pas d'effroi à l'aspect de deux armées qui sont en présence et vont se livrer bataille ? De même qu'en un jour d'orage le calme précède la tempête, de même aussi en un jour de combat, un sinistre silence, précurseur d'un affreux carnage, règne dans les deux camps. L'on n'entend que le roulement sourd de ces machines infernales qui vont bientôt vomir la mort, et avant d'engager l'action l'on ne craint pas de commettre un odieux blasphème en invoquant de part et d'autre le Dieu des armées. Quel est donc ce Dieu que l'on appelle le Dieu des armées ? Ce n'est sans doute pas cet être suprême trop puissant pour ne pas être juste et bon ; non ce ne peut-être que Satan, lui seul est digne de diriger un combat et de lui inspirer ses fureurs.

De bonne foi, de telles atrocités sont-elles compatibles avec la civilisation ? Devraient-elles se renouveler dans le siècle où nous sommes ? Non, certainement, elles sont trop choquantes pour nos mœurs, il faut en éviter le retour.

Que les hommes cessent donc enfin d'aller encore se massacrer par milliers sur les champs de bataille pour se disputer quelques provinces, quelques misérables parcelles de terrain qu'ils se prennent et reprennent alternativement et conséquemment sans utilité pour aucune des parties belligérantes.

Quels avantages la Russie retirera-t-elle de ses conquêtes ? Rien qu'un danger réel : d'abord parce que ses victoires lui ont attiré la haine et la jalousie des nations européennes, qui ne peuvent voir qu'avec appréhension les accroissements successifs de ce colossal empire, et ensuite parce que les pays qu'elle a conquis sans le vœu des habitants ne sont pour elle que des serpents enfermés dans son sein et qui n'attendent qu'un moment favorable pour la dévorer.

Que sont devenues pour la Macédoine les conquêtes faites par Alexandre, quand, poussé par le désir insatiable d'une fausse gloire, ce vaniteux brigand ne craignit pas de mettre en sang l'Europe et l'Asie, ne laissant sur son passage que dévastation et l'horreur de ses crimes (1)?

Que sont devenues pour la France elle-même les conquêtes faites de 1792 à 1812 ? Tout ne lui a-t-il pas été repris en moins de trois ans. Eh bien ! alors, que de sang inutilement répandu ! Que de misères et de douleurs éprouvées sans nécessité !

Oui, plus de guerre, tel est le besoin de l'époque actuelle.

Telles sont aussi, du moins, je le crois, les intentions des Souverains de l'Europe, mais surtout de l'Empereur Napoléon. L'admirable discours qu'il a adressé au Corps législatif

---

(1)   L'enragé qu'il était, né roi d'une province,
Qu'il pouvait gouverner en bon et sage prince,
S'en alla follement, et pensant être un Dieu,
Courir comme un bandit qui n'a ni feu ni lieu,
Et traînant avec soi les horreurs de la guerre,
De sa vaste folie emplir toute la terre.
Heureux, si de son temps, pour cent bonnes raisons,
La Macédoine eût eu des petites maisons,
Et qu'un sage tuteur l'eût en cette demeure,
Par avis de parents, enfermé de bonne heure.

BOILEAU.

lors de la session de 1864 le fait en quelque sorte présumer. Sa proposition n'était pas une utopie, comme certaines personnes le prétendent ou veulent le faire croire. Les idées de paix qui y sont exprimées se réaliseront et combleront les vœux des honnêtes gens comme ils feront la gloire de son règne ; car j'ai la persuasion que ce projet le préoccupe sérieusement. Tout dans ses discours ne semble-t-il pas l'annoncer et dernièrement encore n'a-t-il pas dit dans une conversation particulière : « Rien n'est plus affreux qu'un champ de bataille après un combat, c'est horrible ! » De telles expressions ne permettent pas de douter de ses sentiments à cet égard.

L'avenir est un avenir de paix, a dit aussi le Sénat dans sa réponse au discours de la couronne. Le Sénat a donc la conviction que l'on peut éviter la guerre et que, dans un temps plus ou moins éloigné, les hommes auront cessé ces horribles combats, si indignes des nations civilisées.

Comme le Sénat français, peuples de l'Europe, ayez aussi cette conviction et tâchez d'abréger la distance qui nous sépare de cet heureux avenir.

A cet effet, ne conviendrait-il pas, pour faciliter l'exécution de ce projet et y disposer les esprits chez toutes les nations, de former une société, qui sous la dénomination de Société de la Paix, s'occuperait de rechercher tous les moyens capables d'assurer comme de hâter le succès de cette entreprise.

En quelque lieu que cette société prît naissance, il n'est pas douteux qu'elle s'accroîtrait rapidement et ne tarderait peut-être pas même à envahir le monde ; car telles seraient l'utilité et l'honorabilité de sa mission, qu'il n'y aurait certainement pas un seul homme de bien qui ne tînt à honneur d'en faire partie, et si, comme il y a tout lieu de l'espérer, cette société parvenait à obtenir, chez les nations civilisées surtout, une majorité imposante, l'on conçoit que, par ce moyen, l'assentiment des peuples se trouvant acquis et justifié, la réussite alors ne rencontrerait plus de difficultés sérieuses, et l'on pourrait immédiatement procéder à l'institution de la cour fédérale dont les membres seraient nommés par les gouvernements de toutes les nations confédérées, et ce dans la proportion de leur population, ainsi que je l'ai précédemment expliqué.

Aussitôt l'installation de la Cour, la Société de la Paix n'ayant plus raison de fonctionner se trouverait entièrement et définitivement dissoute : conséquemment, cette société ne serait d'aucun danger pour les gouvernements existants ; ni la Cour fédérale ne pourrait leur causer aucune appréhension, puisque les membres de cette cour seraient nommés par ces gouvernements mêmes, et qu'elle n'aurait mission que de juger les seuls différends internationaux, qui sans elle n'auraient pu être résolus que par la force des armes.

Quand on considère quels seraient, dans l'intérêt de la morale et de l'humanité, les résultats d'une pareille institution, l'on ne peut pas se figurer qu'il y aurait un seul homme qui osât s'y opposer ni même y refuser sa coopération.

Ayons donc foi dans l'œuvre et croyons à sa réussite.

Et alors comme l'a dit Virgile :

Aspera tum positis. mitescent sæcula bellis.

La suppression de la guerre aurait donc encore pour effet, ainsi que l'indique ce beau vers, de contribuer à l'amélioration des mœurs, en inspirant plus de respect pour la vie et la propriété d'autrui. Les crimes deviendraient moins fréquents et peut-être parviendrait-on aussi à faire disparaitre l'usage du duel, cet usage odieux que nous ont légué les siècles d'ignorance et de barbarie. En vérité, je ne comprends pas qu'un duelliste vainqueur puisse être satisfait et s'enorgueillir de sa victoire ; elle n'imprime sur son front qu'une tache d'infamie ; aussi je soutiens que l'on doit fuir la société d'un duelliste avec plus de soin encore que l'on évite celle du bourreau ; car la seule différence qui existe entre eux est même à l'avantage de ce dernier, en ce sens que le bourreau accomplit un devoir et que le duelliste commet un véritable crime, et, en effet, le bourreau ne délivre-t-il pas la société des scélérats qui la troublent, l'épouvantent et la déshonorent, tandis que le duelliste, au contraire, peut la priver d'un père de famille honorable, comme d'un citoyen très utile et très précieux. Supposons qu'un misérable coupe-járrêt eût provoqué en duel le poète Molière sous prétexte que dans quelques-unes de ses pièces de théâtre cet illustre écrivain l'aurait blessé, de quels chefs-d'œuvre ce spadassin n'eût-il pas privé la société ? Car il n'est pas douteux qu'il aurait eu bon marché de Molière qui, assurément et à son honneur, maniait mieux la plume qu'il n'eût manié le pistolet ou l'épée. Au surplus, le duel fut-il jamais un moyen assuré de venger une injure et d'en punir l'auteur? Ne sait-on pas, au contraire, que le plus souvent c'est l'offensé qui succombe, et que l'offenseur, comptant sur la supériorité que lui donnent la sûreté de son coup d'œil et l'agilité de son bras, n'a commis l'injure que pour provoquer le duel et se ménager ainsi la faculté de tuer son ennemi sans encourir le châtiment dû à l'assassinat. Quant à ces insensés qui ne craignent pas de tirer au sort lequel des deux sera tenu de se brûler lui-même la cervelle, si celui que le sort atteint n'a ni femme ni enfants, le risque, à la vérité, n'est pas bien considérable ; ce n'est qu'une tête folle, un imbécile de moins ; mais s'il laisse une veuve et des orphelins dont il était le soutien et le protecteur, son suicide alors est une action infâme qui ne mérite que mépris et réprobation.

La réparation d'une offense ou d'une injure n'appartient qu'aux tribunaux, seuls compétents pour en apprécier la gravité, de même que la vie des hommes n'appartient qu'à Dieu seul. Nul n'a le droit de disposer de la sienne et moins encore d'en priver son semblable. Aussi le duel est-il, comme l'assassinat, un crime contre nature ; c'est-à-dire le crime le plus offensant envers la Divinité. La civilisation doit donc faire justice de cette exécrable manie, qui ne peut convenir qu'aux mœurs de stupides et féroces cannibales.

Oui, et telle est aujourd'hui l'opinion des honnêtes gens, le duel est un crime sans excuse, rien ne le justifie ; les tribunaux sont là pour donner satisfaction à l'offensé ; mais à l'égard de la guerre il n'en est pas précisément ainsi ; quelles que soient les calamités qu'elle entraîne et l'effroi qu'elle inspire, elle a eu cependant jusqu'ici son excuse et sa justification dans l'absence d'un pouvoir judiciaire capable de résoudre pacifiquement tous les différends internationaux. Trop souvent elle a été malheureusement inévitable, et malgré les progrès de la civilisation elle le sera même encore jusqu'à l'établissement de ce pouvoir judiciaire. Aussi jusque-là ce sera toujours un devoir impérieux et honorable de combattre pour la défense de sa patrie, surtout quand la cause est juste ou qu'il s'agit de repousser une invasion. Mais aussitôt l'installation et l'entrée en fonctions de ce tribunal ou cour suprême, toutes prises d'armes autres que celles nécessitées pour l'exécution de ses arrêts, seraient par conséquent inexcusables et criminelles.

C'est donc ce tribunal suprême qu'il importe d'établir si l'on veut éviter la guerre et fermer pour toujours les portes du temple de Janus.

Pour y parvenir il n'est besoin maintenant que d'en commencer l'entreprise ; le temps est venu de s'en occuper; jamais époque ne fut aussi favorable.

Hommes du XIXme siècle, c'est à vous de couronner l'œuvre de la civilisation; vous devez la paix au monde, le doute ou votre indifférence à cet égard serait inexcusable, vous failliriez à la mission que vous ont léguée les auteurs de ces heureuses découvertes qui vont vous en applanir les difficultés. Agissez et faites que dorénavant le bronze des canons ne soit plus employé qu'à élever des colonnes à la paix et des statues aux bienfaiteurs de l'humanité. Vous aurez acquis des droits à la reconnaissance éternelle des peuples, récompense la plus digne et la plus satisfaisante que puisse envier un homme d'honneur.

Je ne sais si je me fais illusion, mais j'ai tellement foi dans la réussite que je me persuade que la nouvelle de cette entreprise serait reçue partout avec des acclamations de joie et que personne n'y refuserait son assentiment. Qui donc, en effet, serait assez mal avisé pour oser dénigrer une opération destinée à produire entre tous les peuples des relations amicales et fraternelles au lieu de ces haines irréfléchies et de ces guerres atroces qui ont si souvent ensanglanté le monde.

Je n'entrerai pas ici dans le détail des lois, statuts et règlements que nécessiteront l'association générale des nations civilisées ainsi que l'institution et les attributions de la cour fédérale. Ces lois seront, comme je l'ai dit, l'objet des méditations de cette cour et des gouvernements qui l'auront instituée. Je me bornerai à donner, dans le chapitre suivant, quelques explications sur l'organisation de la société de la paix et sur les devoirs des membres de cette société qui serait, sans aucun doute, le moyen le plus sûr et le plus prompt d'atteindre le but dont il s'agit, en ce qu'elle en ferait naitre l'idée et le désir chez toutes les nations de même que dans toutes les classes de la société.

Quand les peuples se seront unanimement prononcés pour le maintien indéfini de l'état de paix ; quand ils se seront dit : « Nous ne voulons plus de guerres, elles sont contraires « à nos intérêts comme à notre honneur, et maintenant elles « nous inspirent la même répulsion, la même horreur que l'antropophagie, » qui donc alors oserait braver cette opinion devenue générale et assumer sur soi la responsabilité d'une guerre quelconque ?

La réussite dans ce cas serait certaine. Croyons-le et faisons-nous gloire d'y contribuer, chacun dans le cercle de ses relations sociales comme de son influence et de ses pouvoirs. La Société de la Paix nous en fournira l'occasion ainsi que les moyens, et le succès convaincra les opposants et les incrédules.

CHAPITRE II

DE L'ORGANISATION DE LA SOCIÉTÉ DE LA PAIX ET DES DEVOIRS DES MEMBRES DE CETTE SOCIÉTÉ.

Voici d'abord quel en serait le programme si elle parvenait à s'établir :

Plus de guerres ;

Plus de conquêtes ;

Union de tous les peuples et création d'un pouvoir judiciaire assez puissant pour résoudre pacifiquement tous les différends internationaux.

C'est à l'accomplissement de ce programme que devront s'employer les membres de la Société de la Paix, et comme ils auront mission d'en propager l'idée et d'en faire naitre le désir chez toutes les nations, l'essentiel, par conséquent, sera d'accroître le plus possible, le nombre des adhérents ou sociétaires. Toutes les personnes, d'une conduite honorable, qui en feraient la demande, y seraient admises, quelles que soient d'ailleurs leurs opinions politiques et religieuses ; seulement toutes discussions à cet égard seraient interdites ; il serait également interdit de traiter aucune question concernant l'administration intérieure des nations, ni de rien écrire, dire ou faire qui soit hostile à aucun des gouvernements établist Les membres de cette société n'auront à s'occuper que de ce qui est relatif à l'établissement d'une paix générale et perpé. tuelle, et encore ne devront-il agir que par les moyens de la persuasion, sans contrainte, sans émeutes ni prises d'armes. Ce ne serait pas à la Société de la Paix à donner l'exemple du désordre et de la désobéissance aux lois.

Obéir aux lois de son pays, c'est le premier et le plus sacré des devoirs, a dit Socrate, et pour ne pas y contrevenir, cet illustre et vertueux citoyen a préféré boire la ciguë plutôt que de se soustraire à la peine de mort que lui infligeait un jugement du tribunal des Héliastes, quelqu'iniques que fussent les motifs de ce jugement et quelque faciles que fussent les moyens de son évasion, qui lui étaient offerts par ses disciples et par ses amis.

Ce sont là les préceptes et les exemples dont doivent s'inspirer les personnes qui tiennent à servir leur pays et à y laisser, en mourant, une réputation sans tache. Aussi est-ce avec surprise que l'on a vu dernièrement de jeunes étudiants en droit et en médecine méconnaitre ces préceptes et oser proférer, dans un certain conciliabule, des menaces de mort contre une des classes honorables de la société, arborant même des drapeaux qui n'ont jamais été que les symboles du crime.

Comment, dans un pays comme la France, où règne, à un si haut degré, le sentiment des convenances, de l'urbanité et de la courtoisie, des jeunes gens instruits, qui étudient même le droit, n'ont-ils pas compris l'infamie d'une telle conduite ? Croyons du moins que, dans leur intérêt, ces jeunes étourdis ne tarderont pas à reconnaître la gravité de leur faute et à déplorer la tache qu'imprime à leur honneur cette conduite inconsidérée. Mais heureusement aujourd'hui ces provocations à l'émeute et au meurtre n'ont plus, en France, le pouvoir de soulever les masses, elles n'aboutissent qu'à couvrir leurs auteurs du mépris public et à provoquer contre eux une indignation générale. Le drapeau rouge maintenant fait horreur, l'on ne veut plus d'effusion de sang.

Les membres de la société de la paix devront donc éviter tout ce qui serait de nature à fomenter des troubles et à faire naitre des hostilités soit entre les peuples, soit entre les diverses classes des citoyens. Ils ne devront pas oublier que leur mission est une mission toute de paix, de conciliation et de confraternité. Leur principal devoir

sera de faire comprendre aux peuples que de tous
temps leurs mésintelligences et l'ambition des conquêtes
d'où sont nées les guerres, ont été la source de leurs plus
grandes calamités, et qu'aujourd'hui surtout leur intérêt bien
compris consiste à rester unis et à former entre eux une
alliance ou confédération capable de leur procurer une paix
universelle et inviolable. Quel développement en effet don-
neraient à leurs industries et à leurs prospérités communes
l'assurance et la sécurité d'une telle paix ; aussi toutes
institutions qui ont pour effet de favoriser les relations tant
amicales que commerciales des peuples doivent-elles être
reçues avec faveur, comme étant un acheminement à cette
confédération. C'est pourquoi je ne conçois pas les attaques
dirigées contre le libre-échange, qui, sous ce rapport, est
certainement une des institutions les plus éminemment utiles,
puisqu'en facilitant les relations commerciales des peuples,
il contribue à consolider leur alliance et par conséquent à
éviter les guerres si préjudiciables à leur prospérité.

C'est donc sous ce rapport et non sous le rapport d'un
intérêt mesquin que le libre échange doit être envisagé ;
mais à la condition cependant d'une complète réciprocité
entre toutes les nations qui sont en relation de commerce.

La Société de la Paix, telle que je la conçois, serait une
occasion offerte aux peuples de se concerter et de s'éclairer
mutuellement sur les questions concernant l'essai d'une
confédération générale et par suite la tentative de l'établissement d'une paix perpétuelle. L'examen de ces questions
ferait indubitablement découvrir les moyens de réussir ;
mais si quelques citoyens, les révoquant en doute, croyaient
devoir en tourner la tentative en ridicule, on pourrait leur
faire cette observation : « Allez, leur dirait-on, visiter un champ
de bataille après un combat et si vous n'êtes dénués ni de
bon sens, ni de cœur, ni d'âme, il n'est pas douteux qu'à
votre retour vous ne deveniez non seulement des approbateurs, mais même de très fervents instigateurs de l'entreprise. Vous apprécieriez alors combien sont criminels les
auteurs de ces odieux massacres, et combien serait précieuse
une institution qui, en éclairant les peuples, parviendrait à
mettre un frein à la fatale ambition des conquêtes. »

Une telle institution changerait assurément la face du

monde en y procurant une sécurité, des mœurs et un bien-être inconnus jusqu'à ce jour.

Ce qu'il faut actuellement aux peuples, c'est moins l'accroissement du territoire de leurs nations que le maintien de leur alliance et de la paix qu'ils peuvent et doivent conserver entre eux par la modération, la justice et la loyauté de leurs rapports internationaux.

Quiconque ose troubler la paix du monde par d'injustes prétentions ou par la vaniteuse ambition des conquêtes, mérite l'exécration de son siècle dont il est le plus redoutable fléau. C'est donc cette détestable ambition que les membres de la Société de la Paix ne sauraient trop flétrir dans leurs discours comme dans leurs écrits.

Il me reste maintenant à donner ici quelques explications sur la composition de la Société de la Paix ; explications que je soumets à l'appréciation des personnes qui ne dédaigneront pas de s'occuper de cet important objet. Elles pourront y faire tels changements qu'elles jugeront à propos. La réussite étant le point essentiel, peu importe dans ce cas-ci les moyens employés pour y parvenir.

Voici donc, à mon avis, quelle pourrait être cette composition :

Il y aurait, dans chaque capitale des nations civilisées, un comité composé de diplomates jurisconsultes, c'est-à-dire des hommes les plus compétents.

Ces comités auraient un agent dans chaque chef-lieu de province ou de département et même un sous-agent dans chaque commune.

Le sous-agent serait chargé de recevoir, d'inscrire et de faire signer sur un registre à double copie les adhésions des habitants de sa commune qui se présenteraient pour être admis soit comme membres de la société, soit simplement comme approbateurs de l'entreprise. Mention serait faite sur le registre de leur déclaration à cet égard. Un des doubles du registre resterait déposé aux archives de la commune afin que l'on puisse au besoin en vérifier l'exactitude et même y inscrire les adhésions des personnes qui auraient négligé de se présenter jusqu'alors. L'autre double serait remis par le sous-agent à l'agent de son département ou de sa province. Cet agent serait aussi chargé de recevoir les observations écrites qui pourraient lui être adressées par ceux des sociétaires de son ressort qui se seraient fait un devoir et un honneur de s'en occuper. Il transmettrait le tout au comité de sa nation avec ses observations particulières.

Lorsque les comités auraient complété le recueil des adhésions ainsi que des observations transmises par leurs agents, ils se réuniraient en une assemblée générale pour examiner le mérite de ces observations, reconnaitre et constater le chiffre total tant des adhésions que des simples approbations, et ensuite rédiger le projet du code fédéral dont une copie serait par eux remise à chacun de leurs gouvernements respectifs, afin que ces gouvernements puissent y faire les observations et rectifications qu'ils jugeraient convenables avant de soumettre ce projet aux délibérations de la cour fédérale lorsqu'ils l'auraient instituée.

Cette opération aurait, on le concevra, le triple avantage, d'abord de propager, avec beaucoup d'extension et de rapidité, l'idée de la possibilité d'éviter les guerres, ensuite d'en faire naitre le désir chez toutes les nations de même que dans toutes les classes de la société, et enfin de donner des renseignements précis sur la disposition des esprits à cet égard, puisque dans chaque commune tous les habitants auraient été mis en demeure d'en exprimer leurs sentiments.

Les gouvernements se trouvant, par ce moyen, suffisamment édifiés sur les intentions des peuples, pourraient procéder immédiatement à la nomination des membres ou juges de la cour fédérale ainsi qu'au choix du lieu le plus convenable pour établir le siége de ses séances.

Mais, objectera-t-on, ces gouvernements y consentiront-ils ? N'est-il pas à craindre au contraire qu'ils s'opposent même à la formation de la Société de la Paix ? Cette crainte ne me paraît pas fondée ; car les monarques ont, comme les peuples, un intérêt trop majeur à la création de cette institution qui, en leur procurant de grandes économies dans leurs finances, et en leur évitant les dangers et les angoisses que leur font éprouver non-seulement les guerres étrangères, mais encore les émeutes et les guerres intestines, leur donnerait la faculté de s'occuper, avec une entière sécurité, de l'amélioration du sort de leurs peuples et de l'exécution des grands travaux d'utilité publique dont la guerre est non seulement un obstacle, mais trop souvent la destruction même. Il est donc probable que ni peuples ni souverains ne feraient d'opposition à l'exécution de ce projet. Trop de personnes aujourd'hui y sont intéressées, et d'ailleurs, les désastres de la guerre sont trop affligeants pour que qui que ce soit osât braver la honte d'une opposition quelconque.

Puissent donc tous les hommes qui s'intéressent aux progrès de la civilisation, dont le succès de cette entreprise serait le couronnement, et à qui leurs lumières et la position sociale qu'ils occupent en impose l'obligation, s'occuper sérieusement de ce projet ; la réussite alors ne se ferait pas attendre. Croire le contraire serait une opinion fausse autant que fatale, puisqu'elle mettrait obstacle à l'entreprise. Le doute ne doit donc trouver place ni dans les cœurs ni sur les lèvres des hommes de bien. Ce projet est d'une trop haute importance pour que l'on puisse se permettre la moindre expression qui serait contraire à sa tentative.

CHAPITRE III

UN MOT SUR LES ÉVÉNEMENTS QUI VIENNENT DE S'ACCOMPLIR.

Si ces déplorables événements semblent donner un démenti aux espérances exprimées dans cet essai sur les intentions pacifiques des souverains actuels de l'Europe, la gravité de ces événements ne doit-elle pas aussi leur faire faire de sérieuses réflexions et leur inspirer le désir d'une institution qui, en mettant un terme à ces scènes d'horreur, leur épargnerait bien des regrets et peut-être même bien des remords?

Quelle satisfaction peuvent donc procurer aux conquérants des lauriers teints du sang de tant de milliers de victimes ? C'est pourquoi l'on doit croire que ces terribles événements, loin d'être un obstacle à la tentative de l'établissement d'une paix perpétuelle, en font au contraire reconnaitre le besoin indispensable. Aussi le devoir de tout citoyen, quelque soit le rang qu'il occupe, est-il de prêter son concours à cette œuvre. Il y aurait honte et péril à y rester indifférent, surtout pour le midi de l'Europe qui est, on ne peut le nier, menacé d'une catastrophe imminente.

Avec l'excessif accroissement de sa population et ses progrès dans l'art de la guerre, l'empire russe ne tardera probablement pas à être en mesure d'envahir les nations méridionales de l'Europe, s'il le juge à propos ou si toutefois l'exubérance de sa population ne lui en fait pas une nécessité. Ces nations ont donc le plus grand intérêt à former entre elles une confédération qui puisse mettre une digue à l'invasion de ce torrent s'il menaçait de déborder.

La France et l'Angleterre surtout ne peuvent plus se diviser; leur union importe à leur sécurité commune comme à celle de l'Europe et peut-être même du monde entier.

En agissant de concert et avec désintéressement, c'est-à-dire dans un but d'intérêt général et moral, et non pour leurs avantages particuliers, ces deux nations sont en pouvoir d'imposer la paix au monde ; car, dans ce cas, elles auraient partout l'approbation et l'appui des hommes honnêtes et éclairés.

Si avant la guerre austro-prussienne les gouvernements Français et Anglais s'y fussent opposés et eussent déclaré que pour éviter l'effusion du sang et prévenir la perturbation que cette guerre devait causer en Europe, ils exigeaient que les différends existant entre l'Autriche, la Prusse et l'Italie, fussent soumis à la décision d'un congrès européen et qu'en cas de refus de la part de l'une ou de l'autre de ces trois nations, ils étaient disposés à tourner leurs armes contre celle qui la première commencerait les hostilités, cette menace eût alors produit de l'effet ; car il est plus que probable que ni l'Italie, ni l'Autriche, ni la Prusse n'eussent osé la braver et comme l'intervention de ces deux gouvernements n'aurait eu pour mobile que l'intérêt général et les sentiments d'humanité, elle n'eût éprouvé ni blâme ni opposition de la part des autres gouvernements et serait ainsi devenue le premier symptôme d'une paix universelle et perpétuelle.

Cette conduite, en substituant l'action de la diplomatie à l'emploi des armes, eût été un service immense rendu à ces trois puissances mêmes, comme à l'Europe entière, car l'on n'aurait pas aujourd'hui à déplorer la mort de tant de milliers d'innocentes victimes, ni les nations européennes n'éprouveraient pas cette inquiétude sourde et cette méfiance qui les obligent à doubler leurs armées et leur matériel de guerre. Précaution même plus dangereuse qu'utile ; puisque, si, comme on ne doit pas en douter, cette augmentation des forces militaires se fait ainsi chez toutes les nations, elle n'aboutira qu'à rendre les guerres encore plus meurtrières tout en accablant les peuples de gêne et d'impôts.

Là n'est donc pas le remède aux inquiétudes et aux appréhensions que la dernière guerre a fait naitre en Europe. Le moyen le plus sûr, le moins gênant et le moins dispendieux pour rétablir la confiance et se préserver des dangers d'une nouvelle guerre, serait, comme je l'ai dit, une confédération européenne proposée par les gouvernements Anglais et Français, à l'effet d'obtenir le désarmement général et la fixation du nombre de troupes que chaque nation devrait avoir sur pied, en le restreignant au strict nécessaire et en instituant un pouvoir judiciaire composé de diplomates et de jurisconsultes pour résoudre, sans l'emploi des armes, tous les différends qui pourraient surgir entre ces nations.

Cette proposition serait-elle comprise et acceptée par les autres gouvernements? On doit le croire quand on considère quelles en seraient les conséquences. Doter le monde d'une paix perpétuelle et reléguer dans la fange des temps anciens ces mœurs atroces, ces hideux carnages, si avilissants pour la dignité de l'homme, qu'ils mettent beaucoup au-dessous de l'animal le plus féroce; quoi de plus utile, de plus moral, de plus sublime enfin qu'une institution qui parviendrait à produire cet heureux résultat! Lui faire de l'opposition ne serait-ce pas le comble de l'infamie? Quel est aujourd'hui le monarque qui voudrait ternir son honneur par un refus aussi compromettant, aussi contraire au bien-être des peuples? Il est donc présumable qu'il n'y aurait pas d'opposition; mais d'abord n'est-il pas certain que les petites nations, telles que la Belgique, la Hollande, le Danemark et la Suède, si intéressées à se prémunir contre les envahissements des grandes puissances, ne manqueraient pas d'y donner leurs adhésions, et qu'ensuite les autres nations y seraient successivement attirées par la volonté des peuples, qui en apprécieraient alors tous les avantages.

Pour éviter de causer de l'ombrage aux autres gouvernements, ces nations ainsi confédérées déclareraient que leur alliance n'est que défensive, que jamais elles ne tireront l'épée pour l'attaque ni les conquêtes, et qu'au surplus elles seront toujours disposées à recevoir dans leur alliance toutes les nations qui en feraient la demande et consentiraient à se conformer aux prescriptions du code fédéral; notamment en ce qui concernerait le désarmement général, la fixation du nombre de troupes attribué à chaque nation et la substitution de l'action judiciaire à l'emploi des armes pour la solution de toutes espèces de différends.

Qu'aurait donc de si impraticable une telle confédération pour en nier la possibilité ? N'est-il pas évident au contraire que dans l'état actuel de la civilisation, bien loin d'être dédaignée et repoussée, la proposition de cette confédération serait accueillie partout aux acclamations des peuples émerveillés, et que par conséquent il ne s'agit plus réellement que d'en commencer l'entreprise pour réussir.

Alors quelles économies dans les finances des États, quelle sécurité pour les peuples comme pour les gouvernements même et quels changements dans les mœurs de ces peuples qui ne se considéreraient plus comme des ennemis intéressés à se nuire et à s'entre-détruire !

Un tel règne n'est-il pas digne d'inspirer le plus vif enthousiasme et de convier tous les hommes d'honneur et de cœur à cette œuvre philantropique? Comment, en effet, y refuser son concours quand on réfléchit aux calamités que la guerre entraine, quand on se représente ces champs de bataille couverts de morts et de blessés qu'écrasent encore sous les pieds de leurs chevaux les cavaliers qui s'y poursuivent pour se combattre et s'entr'égorger ? Bon Dieu ! que ces épouvantables massacres causent de douleurs, de deuil et de larmes dans les familles ! Pauvres mères, qui entourez de tant de soins les berceaux de vos fils, prévoyez-vous le sort qui les attend? Pensez-vous à ces horribles boucheries où les entrainent les fauteurs des guerres, ces redoutables ennemis du genre humain que, dans un inconcevable aveuglement, on comble, encore aujourd'hui, d'éloges et de décorations ; mais un jour viendra où, dans leur vengeance, les peuples désabusés leur infligeront le châtiment qu'ils méritent et briseront les statues des conquérants sanguinaires pour y substituer celles des souverains pacifiques, leurs bienfaiteurs. Mais, dit-on, ces conquérants servent leurs patries. Est-ce donc servir sa patrie que de l'agrandir et l'enrichir par l'assassinat et la rapine à main armée? C'est au contraire lui créer des dangers en lui suscitant des ennemis. D'ailleurs, la justice et l'humanité sont au-dessus des sentiments patriotiques. Fénelon n'a-t il pas dit: « J'aime ma famille plus que moi-même, ma patrie plus que ma famille; mais j'aime le genre humain encore plus que ma patrie. »

Tels doivent être les sentiments du vrai patriote; c'est servir sa patrie que de pratiquer la justice envers tous les peuples, même envers ses ennemis.

AUXERRE, IMPRIMERIE DE G. PERRIQUET.